天堂与轮回相比
漫画书
作者搭玛

Dharma

London | New York

Published by Clink Street Publishing 2020

Copyright © 2020

First edition.

The author asserts the moral right under the Copyright, Designs and Patents Act 1988 to be identified as the author of this work.

All rights reserved. No part of this publication may be reproduced, stored in a retrieval system or transmitted, in any form or by any means without the prior consent of the author, nor be otherwise circulated in any form of binding or cover other than that with which it is published and without a similar condition being imposed on the subsequent purchaser.

ISBN:

978-1-913962-00-5   paperback

978-1-913962-01-2 - ebook

序言

就像人们所说的,一幅画胜过千言万语,我希望通过这些漫画,我能更有力得表达我的观点。我们对上帝和宗教的看法还停留在过去-我们不断重复那些古时候写的,已经过时的观点。就算一本书是一千或者两千年之前写的,也不能代表当时的人们有独特的见解,或者众神曾在那时降临人间。

古时候的人并不坏-他们只不过是记下了他们认为是对的想法,他们记录下来对上帝的观点,很大程度上受到了他们那时候生活的影响。那时,残暴的国王/独裁者和强人统治,要求人民顺从和忠诚,以此给他们恩惠,这样的形象就成了上帝的模版。至少有基督教和伊斯兰教这些当今主流的宗教是这样的。

屈膝下跪,祈求仁慈,发誓对国王忠诚然后得到奖励-这是当时人民的生活,也是他们所记录的想法。不幸的是,即使今天的生活有很大的不同,绝大多数人仍然盲目地遵循这样的想法。

通过我的书,我希望改变言论,为宗教和灵性注入新鲜的想法。

如果您想要联系我,邮箱地址是 HeavenVsReincarnation@Yahoo.com

小心许愿，它会实现

首先，我想澄清，印度教的想法不仅仅适用于印度教徒。印度教的正确名称是萨纳塔纳 搭玛（Sanatana Dharma），大概可以翻译成永恒的真理。对于一个宗教来说，怎么会是这样一个名字呢？它正说明，在古印度，这个信仰伊始于一些开明的圣贤，将知识传授给周围的人。他们的想法是给所有人的。

画告诉我们，如果我们所希望的只是轻松懒散的生活，无所事事，无所顾虑或责任，那么我们的愿望肯定会实现，但不是我们所希望那种方式。每个人都听说过印度教徒谈到转世成动物或者虫子--好吧，这个概念被误解了很多。这种轮回被视为对前世犯罪行为的惩罚--这种理解是错误的。一个人的生活会是他所希望的样子，就这么简单-- 塔提邦阿斯（Tat Tvam Asi）。

上帝通过生活告诉我们，所有的生命都可以在巢中相对舒适的生活，但仅仅是生命中短暂的一个阶段，我们都需要长大，独自面对世界，脚踏实地营生。希望过一个懒惰的生活，一生都在永恒的依赖，或者永恒的童年中毫无意义的存在，是错误的。和上帝的法律相违背。

但是这样的愿望将会成真。作为一棵树或宠物 - 猫，狗，猪 - 这样的人将得到很好的照顾，无所事事，吃饭，便便和睡觉，无担忧和责任！那只猫就在天堂！

"天堂 vs 轮回"
(Dharma)

三种结束痛苦和苦难的方法

最快解决任何问题的方法，很明显，就是逃避，天堂就是这样的--仅仅是逃避人生的问题然后躲起来，根本不去考虑仍在人世的亲人，或者其他任何人。你曾经在流浪者收容所做义工吗？现在，这是别人的问题了。你曾经的工作是研究治愈癌症吗？这和你也没关系了。你的国家正处于战争之中吗？你是否与敌人致死斗争呢？现在，这个也用不着你担忧了。

天堂吸引的是那些胆小，懦弱的人。宗教利用这一点，给人们廉价的承诺，说在天空中有一片神奇的土地，那里的生活很容易，当然，必须要先加入这个宗教。但是，最聪明的人也会上当，完全看不出天堂的说法本质就是庞氏骗局。

第二种快速结束痛苦和苦难的方法是永远都不再有欲望，而如果这样，我们永远都体会不到失败的伤痛。不会再尝试做事情，不会再失败，也不会再感到任何痛苦。这样的想法同样吸引的是那些懦弱的人，那些内心衰老的人，对强壮的，年轻的，有梦想的人是不适用的。

结束痛苦和苦难最好的方法就是直面它们--问题是可以被面对，被解决的。我们会被打倒很多次，但是强壮的人，斗士，都不会放弃。上帝需要你在人世间，强壮的人和斗士都属于人间。

人们在天堂做什么？

难以置信的是，这个问题从来都没有被问过。完全！没有！在所有的人类历史记录上，没有人像滔滔不绝地讲述来世的有神论的领导者提出过这样的问题。 没有人曾问"好吧，我们知道，天堂会是美好，完美无暇。但是我们每天到底做些什么？我们需要工作吗？造物主会交代微不足道的人类什么事情呢？她完全可以一念之间创造万亿的机器人日夜不息地工作！要我们有什么用？如果是这样的话，我们就坐在那里，或者来回飘动，面面相觑吗？或者我们永恒得入眠吗？这就是上帝的伟大计划？"

如果别人告诉你，过几天你就要去另一个国家了，作为一个成年人，你的第一个想法，难道不会是，"我要怎么养活自己啊？我所拥有的技能可以做什么种类的工作呢？"-这些想法难道不会在脑海中闪现吗？肯定会的，对吧？然而，当我们提到天堂的时候，每个人都好像简单的认为上帝就会好心照顾我们。仔细想一下，你的妈妈都不一定会这样！就算我们的父母，也会让我们出去找个工作！难道我们要相信上帝会永恒地保姆我们吗？啊，宗教的洗脑能力啊！最智慧的人也无法抵抗。

"天堂 vs 轮回"(Dharma)
本书可在线预定

一个问题就破坏了天堂这个说法

你是救世主还是拯救者？

你是谁？需要帮助的少女还是盔甲闪闪的骑士？是躲在被单之下懦夫还是战场之中的勇士？

太多枪击事件了，对吗？太多学校的枪击事件带走无辜的生命。在2018年2月14日，弗罗里达(Parkland, Florida), 道格拉斯女士 (M.S. Douglas) 高中，发生了可怕的枪击事件，无辜的人被杀害。很多人逃跑了但有几个人冒着生命危险去救孩子。橄榄球教练亚伦菲斯 (Aaron Feis) 为了拯救无辜的生命而牺牲。安东尼 博尔赫斯 (Anthony Borges), 还是个孩子，帮助其他学生躲起来，身受五抢！

在生命处于危难的时候逃跑是没错的，但能把他人的生命置于自己之前人，难得可贵。让上帝感到骄傲并不容易。再重复一次。让上帝感到骄傲，并不容易。你有没有听过其他的宗教这样讲过？没有，他们都忙着帮你逃避，去天堂。

生活教给我们，没有什么好的东西得来容易。这能告诉你天堂什么呢？你只要加入宗教，向一个特定的上帝祈祷，就可以得到奖赏了？就像一个独裁者奖赏他忠实的拥护者？上帝就和独裁者没区别？

痛苦在这里，苦难也在这里-这里需要你。上帝需要你在人世。

"天堂 vs 轮回" (作者搭玛)
本书可在线预定

天堂
子宫, 童年, 过去, 懦夫, 逃跑, 自私,
退休, 衰老, 退出, 懦弱, 无耻,
索取者, 被拯救, 动物, 乞讨, 救济,
愚蠢, 低等, 快乐和幸福, 妄想.

轮回
生活, 成年, 未来, 勇士, 战斗, 关怀,
追求, 年轻, 生存, 强壮, 自尊, 给予者,
拯救者, 人类, 赢得, 呈上, 智慧, 高等,
痛苦和苦难, 真实的生命!

天堂比喻子宫，童年还有过去，而轮回代表生命，成年和未来

从来都出现过任何关于上帝，天堂，地狱和轮回的证据。因此，如果这些地方和事件不存在，我们必须得出结论，它们只是想法，想像出来的。天堂代表着子宫，童年和过去，而轮回则代表生命，成年和未来。

想一想你被告知天堂会是什么样的 - 它不像你的童年吗？ - 无忧无虑的日子，整日玩耍，知道自己被爱，受到保护和照顾？一个人会照顾你，让你安全幸福。

天堂是对过去那些日子的渴望，在童年和子宫里，我们都很开心和满足。但突然之间，我们被残忍地从这个伊甸园抛到一个寒冷，艰难的世界！我们几乎立即开始哭泣，因为我们第一次感到疼痛！这就是生活的开始！生活起初就包含了痛苦和苦难，希望没有痛苦和苦难的生活是渴望死亡，是希望从未出生。

在下面的图片中，我们看到一个年轻人走向世界。但为什么？为什么不留在巢里呢？父母会供养，保证他的安全并满足他的需要。但如果没有冒险，这个年轻人永远不会开始他的生活。所有生物都知道这项定律并遵守着。认为一个人可以跑回子宫，永远做一个孩子是愚蠢的。人们不能活在过去，必须前进到未来。

"天堂 vs 轮回"
(作者搭玛)

天堂
子宫, 童年, 过去, 懦夫, 逃跑, 自私, 退休, 衰老, 退出, 懦弱, 无耻, 索取者, 被拯救, 动物, 乞讨, 救济, 愚蠢, 低等, 快乐和幸福, 妄想.

轮回
生活, 成年, 未来, 勇士, 战斗, 关怀, 追求, 年轻, 生存, 强壮, 自尊, 给予者, 拯救者, 人类, 赢得, 呈上, 智慧, 高等, 痛苦和苦难, 真实的生命!

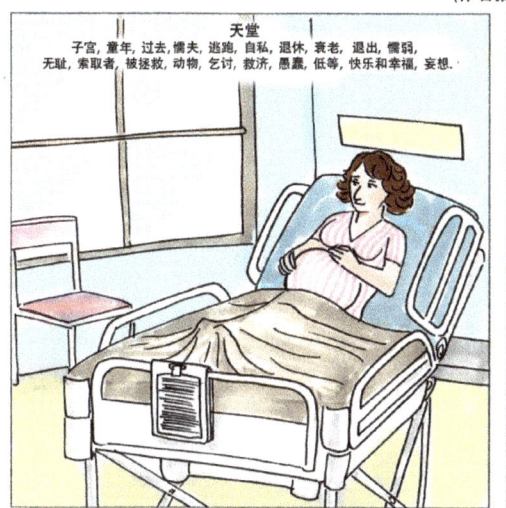

死亡面前没有有神主义者

你们都听说过"散兵坑里没有无神论者" - 基本上是在向无神论者开玩笑说，当他们害怕生命时，他们会从他们不相信的神灵那里寻求帮助。好吧，有趣的是，有神论者在死亡面前也不开心。按理说是一个惊喜，对吗？生命就是罪，上帝在等待，死亡将他们带到天堂，这是一个永恒的快乐和幸福的地方！哇！没有更多的担忧或责任 - 每天都很有趣，享受，快乐！

死亡将带他们到这样一个美好的地方。然而，有神论者不想去！什么？上帝在等待，天堂在等待，所有美好的世界都在等待，他们可以摆脱这可怕的生活，他们不想去？他们要去天堂时，踢，尖叫，抓，咬，用身体的每一根纤维紧紧抓住生命。这合理吗？

你有没有听说过有人举办派对来庆祝他们的癌症诊断？当医生告诉他们，他们还有几个月可活的时候？这是为什么？他们突然想要活着，他们突然开悟了，突然间他们意识到生命就是礼物。是的，生命是来自上帝的礼物，只要你愿意，上帝就会继续将这份礼物送给你。那些追逐天堂的人是在追逐假的黄金。

"天堂 vs 轮回" (作者搭玛)
本书可在线预订

天堂
子宫, 童年, 过去, 懦夫, 逃跑, 自私,
退休, 衰老, 退出, 懦弱, 无耻,
索取者, 被拯救, 动物, 乞讨, 救济,
愚蠢, 低等, 快乐&幸福, 妄想.

轮回
生活, 成年, 未来, 勇士, 战斗, 关怀,
追求, 年轻, 生存, 强壮, 自尊, 给予者,
拯救者, 人类, 赢得, 呈上, 智慧, 高等,
痛苦和苦难, 真实的生命!

死亡面前没有有神主义者

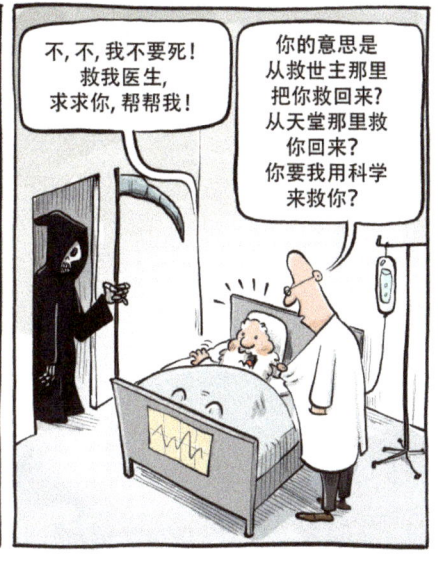

懦夫还是勇士？

可悲的是，枪支暴力和死亡在美国变得司空见惯。在拉斯维加斯有一个疯狂的男人坐在他的酒店房间里，俯瞰一场音乐会，并用他的枪支随意扫射！那天有数百名无辜者死亡。当我们听到这样的事件时，我们厌倦了生活，我们明白生活不是野餐，我们希望生活更美好，更平静。宗教利用这点，并承诺轻松的生活在其他地方，但当然，首先我们必须加入他们的宗教。可悲的是，即便是我们中聪慧的人，也没能看出，这不过是一出庞氏计划。Bernie Madoff（诈骗者）这一类的人使用了与宗教相同的策略，并且在这方面非常成功。

但在生活中一切都有代价 - 没有免费的午餐，上帝通过生活告诉我们这个道理。生命的教训是上帝的教训。那些逃避生活的人最终会成为低级生活形式 - 他们实现了自己的愿望 - 他们成为了自己塔提邦阿斯（Tat Tvam Asi）或者他们想要的东西 - 对于我们的宠物猫，狗，乌龟甚至是猪来说，生活肯定更容易。

轮回不适合所有人 - 它适用于我们当中的勇士。那些认识到生活中美好事物是挣取的，不是索取的，也不是乞求来的人。我们会面临着生活的打击，但同时生活也会推我们向前。

逃跑不是解决生活问题的答案，它是懦夫的选择。但懦夫对别人不关心，他所有的想法都是为了他自己的幸福。

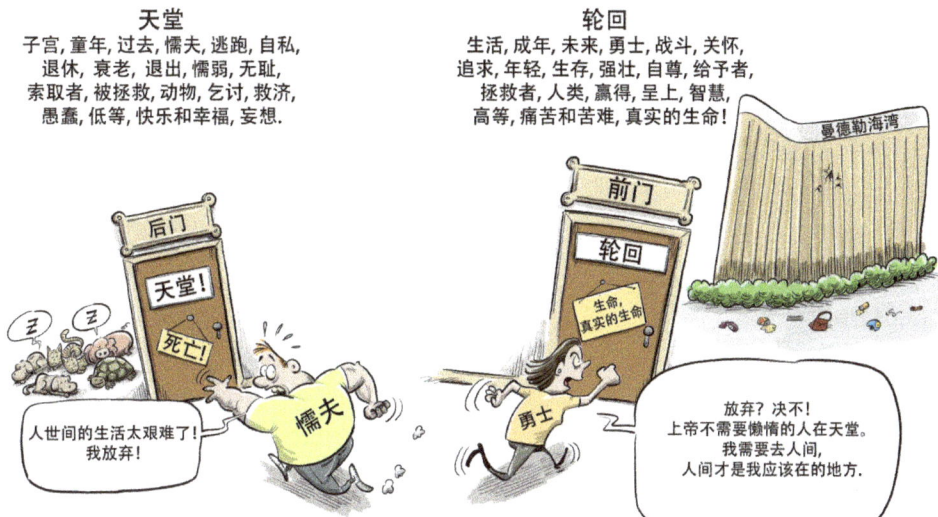

宗教洗脑

没有其他的说法 - 洗脑是恰当的词 - 当人们以宗教的名义杀人时，我们必须得出结论，某些宗教教义及其追随者存在严重的错误。正如漫画所示，宗教与我们给孩子们灌输的所有品行和道德完全矛盾。我们告诉他们，没有免费的午餐，没有辛勤工作和努力就没有好处。免费赠送的东西，一定是毫无价值的。不要拿不赚的东西。如果老师犯了错误，给你的孩子更高的分数或成绩，如果他/她说出来，你会不会为你的孩子感到骄傲？你能想象老师因为学生哭泣和乞求，就将F改成D吗？

然而，当谈到宗教承诺时，我们会将所有的的品行和道德丢出窗外。现在可以免费享用午餐和晚餐。现在可以不关心行动处事，一个人的宗教信仰决定一个人的价值。因为你的宗教信仰而被剥夺工作或晋升机会？那是完全错的，不是吗？但"上帝"每天都这样做！ "上帝"有一个简单的规则，他基于宗教划分人民。这合理吗？你在生活中所做的一切并不重要？品行无关紧要，道德无关紧要，个性无所谓？恋童癖者，大规模杀人犯，强奸犯信徒获得奖励，而甘地们（Gandhijis），爱因斯坦们（Einsteins），世上的佛陀（Buddhas）都要下地狱？

只要用甜言蜜语承诺人们轻松美好的生活，人们就会出卖自己的灵魂。这才是最高端的洗脑。

"天堂 vs 轮回" (作者搭玛)

多数派和少数派的二分法

人性的一个奇怪方面是我们根据我们所处的立场改变我们的观点。 作为一个少数派，我们会表现得非常开明，我们使用的词语如下："我们都是人类，我们都是一样的，如果被刀割，我们难道不是都会流血吗？我们都有爱人，我们都有希望，梦想和抱负只是 像所有其他人一样"如果它是一个面临歧视的宗教少数派，我们会使用的词语会是，"我们不应该只看到宗教，我们必须看到人类"等等 - 所有非常真实和美妙的话语。

但是一旦我们成为多数派，就会发生奇怪的事情。 突然所有善良的话语都不见了。 我的非裔美国人"朋友"告诉我，我正在前往地狱，是的，同样一个人，当面对在商店里被店员尾随以防止他身为黑人在商店偷窃的情况时，他会因为遭到肤色和种族歧视而非常生气和不安。而同样一个人，会转身告诉我，仅仅因为我没有和他拥有共同的信仰，我会被单独送往地狱的毒气室，我将因为自己的信仰受到歧视，而他对此表示满意。

真是个快速变化！ 什么能解释他改变的行为？ 他是一个少数民族 - 一个非洲裔美国人，在白人社会中作为少数民族生活 - 成为一名基督徒 - 现在是多数人中的一员！ 他的观点立即改变了！

卡通片的顶部描绘了几年前的奥斯卡奖颁奖典礼，当时主持人的观点在评论另一个种族时发生了巨大变化。

"天堂 vs 轮回"
(作者搭玛)

不要问上帝能为你做什么，问问你可以为上帝做些什么！

好吧，我在制作这些口号时候随意发挥了一下，但是你应该明白了我想表达的意思 - 很多人纠结于上帝能为他们做什么事。他们想摆脱生活的艰难。生活是艰难，而他们希望拥有一个轻松而慵懒的生活，宗教非常乐意利用人们的这个弱点。 上帝只创造了一个世界，就是我们生活其中的这个现世，是宗教发明了漂浮在天空中的，生活容易的幻想世界。

懦夫远离生活，战士拥抱它。 当懦夫看着敌人时，他所能想到的就是他自己的幸福，他将如何受伤，他是如何受伤或死亡的，他所有的想法都是关于他自己的，而当战士看着敌人时，他意识到如果没有自己，他的家庭的幸福就会受到威胁 - 他的妻子可能会被强奸和杀害，他的父母，他的孩子，他的人民将被杀害，他的生活方式被毁灭！

天堂是为懦夫而建，轮回是为战士而建。

"天堂 vs 轮回" (作者搭玛)
本书可在线预定

贪图轻松美好生活

正如我之前所指出的那样，当被问及他们将在天堂做什么时，有神论者会被难倒。为什么上帝需要他们在天堂？上帝需要完成哪些工作需要人类的帮助？它支付多少钱？靠那些钱活下去够吗？或者天堂就像生活在一个共产主义国家 – 每个人被分配一个房子，一份工作，而且他们都是相同的并薪水相同？

宗教只是利用人类的贪婪，以及他们对生活的挫败感。在轻松美好的生活中，真实生活和天堂之间的最大区别是什么？在现实生活中，没有人会给你数百万元以让你过上轻松美好的生活，但是宗教很乐意承诺"他们的"上帝会非常乐意只是给予，这就是这里的有效词汇，给予你寻求的轻松美好生活。在现实生活中，生活中的美好事物必须靠你自己努力争取以挣得。无论是好的成绩还是一份好工作，在运动队的首发，在奥运会上获得金牌，成为一位电影明星、下一个爱因斯坦、下一个莫扎特 – 没有什么东西会平白无故就白白给你。争取、赢得，是生活的关键词，这就是我们教给孩子们的东西。可悲的是，当涉及到天堂时，贪婪似乎接管了它。上帝通过生活教导你的所有教训都被丢弃了，我们为宗教领袖们所做的崇高承诺而流口水，他们在我们背后嘲笑我们。再一次，我们是追逐赏金的傻瓜！

只是因为你不喜欢读书就选择辍学不会让生活变得更好。只因为你讨厌你的工作就辞职不会让生活变得更好。你可以梦想你想要的一切，痛恨你想要的痛恨的一切，但死亡不是通向富裕梦幻之地的大门。

"天堂 vs 轮回"
(作者搭玛)

只有轮回才能提供正义

打开报纸或在电视上看一些新闻，我们每天都会看到人们的生命被缩短。 有些人死于自然灾害，有些人死于事故，有些则因为世界上的邪恶而死亡。

我们不得不问，这些人的正义在哪里？有些死的时候还只是个婴儿，他们的人生结束的太快！ 我们其余的人都享受着各种各样的生活 - 享受小孩子玩耍的乐趣，被父母所关爱，然后迎来学校、朋友、第一次跳舞、第一次暗恋，在商场闲逛，看电影， 大学、职业生涯、坠入爱河、结婚、孩子、变老，看着我们的孩子长大成人，庆祝他们的人生里程碑，生日，婚礼和最后退休生活。

但无论我们的生活是第一种还是第三种，我们中的一些人都无法享受我们所享受的一切。 天堂会弥补这一切吗？ 当然不是。 如果每个人的终点都在同一个地方，我们都会有我们的记忆、我们的生活经历可以回顾，但对于一些人一开始就被阻止的人生旅程，他们被生活欺骗了。

只有轮回才能为这些人提供正义。 如果他们选择生命，真实生命，他们可以回来，在另一个人生中享受他们前世被拒绝的一切。

"天堂 vs 轮回"
(作者搭玛)

品行很重要，道德很重要

有很多人会出售他们的灵魂和身体以换取金钱和轻松的生活。 你是其中之一吗？即使你自己的父母也不会让闲坐着！ 当你成年以后，他们可能一开始对你有点耐心，但在某些时候他们会把你从家里踢出去！ 作为一个成年人，你应该得到一份工作，站靠你自己生活，你不再是一个孩子！

这个世界上有很多人都在求包养混日子。 男人和女人出卖他们的身体，其他人奉承，更多的人成为这些富有和强大的人的狗腿。 生活对这些人很不错- 他们出卖了自尊，尊严和灵魂，以换取轻松美好的生活。

天堂就是为了这样的人 - 自私，自我陶醉，只对自我满足感兴趣。 上帝不需要你在天堂，上帝不会让你只是坐在天堂里无所事事。 甚至只是考虑并认为这样的生活是可能的，就是可耻的。 做正确的事。

对个人的行为负责

每个印度教信徒都知道这个规则 – 如果你把事情弄得一团糟，清理它是你的责任。你的行为对无辜的人造成伤害，你有责任把事情处理好。但你不必成为印度教徒才能知道这个真理 - 这些是你应该教导你孩子的原则。

如果你的孩子在失去一场比赛时感到愤怒，打破了他朋友的玩具，那么他在你面前哭几下就不足以了结整件事。 是的，他真的对他的行为感到很抱歉，但忏悔只是第一步，而不是最后一步。 必须购买一件新玩具并送给朋友，并表示衷心的道歉。 新玩具的成本要么来自孩子的零花钱，要么他/她将被迫做家务以赚钱抵扣成本。作为家长，你有责任教育孩子正确的价值观。

我承认当我听到哭泣的几句忏悔对上帝来说已经足够时，我感到很困惑。 上帝会很好地原谅你，然后你就离开去享受天堂。 不需要向受害者道歉，也不需要弥补你造成的伤害，哭了不到几分钟就完成了！多么美妙！

但是那真的美妙吗？

上帝不能教你价值观 - 邪恶的人会做坏事，善良的人会继续做好事。道德的人将继续做正确的事，不道德的人将继续采取取巧偷懒的方式，而那是宗教所承诺的：一个简单的出路。而当你选择哪条简单取巧的道路时，是你的耻辱，你羞辱了自己，也羞辱了上帝。

"天堂 vs 轮回"
(作者搭玛)

宗教洗脑2

仔细看看图像 - 难道你不认为这些词太相似了吗？这是一个多么悲惨的陈述，我们虽然生活在现代和自由世界中，却继续遵循着过去的原始想法。在过去，人们生活在国王/独裁者/强人之下，在国王/独裁者/强人面前跪下，发誓对他的忠诚并希望获得奖励是一种谨慎的做法（帕斯卡的赌注）。那就是那个时代的生活。

从过去那个时代开始的宗教，使上帝成为一个强人的形象 - 一个像天王一样的上帝坐在天堂的宝座上，将奖励他忠诚的追随者（信徒）并惩罚其余的人（非信徒）。在那些日子里，没有国王能够让一个不忠诚的人留在他的王国里。今天，在我们现代化的自由社会中，我们可以自由地反对总统或总理，没有人因为你这样做而将你踢出国。

但今天的宗教似乎陷入了过去的范式中，可悲的是，追随者似乎也陷入了过去的范式中。获得美好生活所需要的只是向正确的独裁者卑躬屈膝，站队正确就能成功。无神论者、印度教徒、佛教徒等人正在抛光错误的鞋子，并且将面临无情的惩罚 - 令人遗憾的是，即使在现代世界中，宣扬集体谴责和奖励的宗教都是主流宗教。

对我们受过教育的人、这个世界的聪明人、媒体、有道德的人来说，这是多么可悲的陈述。

"天堂 vs 轮回" (作者搭玛)
本书可在线预定

天堂
子宫, 童年, 过去, 懦夫, 逃跑, 自私,
退休, 衰老, 退出, 懦弱, 无耻,
索取者, 被拯救, 动物, 乞讨, 救济,
愚蠢, 低等, 快乐和幸福, 妄想.

轮回
生活, 成年, 未来, 勇士, 战斗, 关怀,
追求, 年轻, 生存, 强壮, 自尊, 给予者,
拯救者, 人类, 赢得, 呈上, 智慧, 高等,
痛苦和苦难, 真实的生命!

我们的道德是灵活的

仔细看看图像 - 它总是困惑我为什么前三个被谴责（当然谴责是正确的），而第四个得到免费通行证！ 事实上，它正在被积极推广！ 大量的信件、文章和社论谴责各种分裂和仇恨，各种歧视，无论是种族主义，性别歧视，年龄歧视，阶级歧视，或者什么都不是。 但谴责宗教隔离被主流宗教积极推动的信件、文章和社论的数量为零！ 是的，零！

多年来，从来没有人曾经问过上帝，会根据他们的宗教信仰来分割人群的是什么样的上帝！ 上帝不关心我们作为个体的人吗？ 我们在生活中做了什么并不重要？ 对上帝而言，重要的是我们是否支持他，确保我们加入"正确"的宗教？ 我们怎么知道哪个宗教是正确的？ 几乎所有宗教都沾有无辜者的鲜血 - 这些宗教就是声称为上帝代言的宗教？

这种野蛮行为反映在他们的威胁中 - 他们的上帝并不比希特勒更好！ 希特勒只看到了犹太人的宗教信仰，而没有把他们当成人。一个为了德国的改善而不知疲倦地工作的老人突然发现自己和他的小孙子一起登上开往毒气室的火车！

这将是数十亿印度教徒、佛教徒和无神论者的命运！ 地狱中的毒气室也是如此！

我不知道哪个更难以接受，这种来自宗教的迫害，还是来自有道德和受教育人群的沉默。

"天堂 vs 轮回"
(作者搭玛)

动物去天堂吗？

作为动物爱好者，我不得不嘲笑我们的傲慢 - 一些宗教人士说动物没有灵魂，他们不去天堂。但是我们呢？我们有灵魂吗？我们继续残酷地对待这个星球和生活在其中的所有其他生物，我们应该获得轻松美好生活的回报吗？虽然在我们手中受苦的动物即使在来世也会继续受苦？

这个对比清楚地表明天堂是如何虚假 - 只是让自己快乐的感觉良好的幻想。它最初是从洞穴人的日子里开始的，当时小孩问她的父亲为什么奶奶没有醒来或回答她。爸爸应该说什么？当然，"奶奶现在在一个更好的地方"。

从那以后，宗教一直在使用这个概念。令人遗憾的是，我们似乎对我们对动物造成的痛苦一无所知，却认为我们应该得到一种没有痛苦的生活，在我们所爱的人和朋友的陪伴下享受快乐的生活。

但是这样的梦想将成真 - 重生为植物、树木、甚至是虫子，我们将与亲人在一起。没有大脑可言，我们将不会感到痛苦。没有时间概念，我们将"永远"活着。

"天堂 vs 轮回" (作者搭玛)

本书可在线预定

天堂
子宫, 童年, 过去, 懦夫, 逃跑, 自私, 退休, 衰老, 退出, 懦弱, 无耻, 索取者, 被拯救, 动物, 乞讨, 救济, 愚蠢, 低等, 快乐和幸福, 妄想.

轮回
生活, 成年, 未来, 勇士, 战斗, 关怀, 追求, 年轻, 生存, 强壮, 自尊, 给予者, 拯救者, 人类, 赢得, 呈上, 智慧, 高等, 痛苦和苦难, 真实的生命！

不要跪在上帝面前

你最后一次跪在别人面前是什么时候？谁之后又跪下了？下跪在过去经常发生，不是吗？受试者跪在他们的主人或者国王之前的形象。他们被期望这样做，以表现出他们的忠诚，表明他们是好奴隶、好仆人，准备盲目服从他们的主人。

决定你想成为谁 - 上帝的孩子或奴隶/仆人？

今天的4个顶级宗教可以分为两类 - 基督教和伊斯兰教将神视为主/国王，因此很多人跪下并向主鞠躬 - 一个仆人可能只服务一位主人，即唯一的上帝。印度教和佛教将上帝视为父母/教师 - 在生活中有许多教师、许多父母（这是格言"需要一个村庄抚养孩子"的来源）。大多数印度教徒仍然站立或坐在圣殿里 - 很少有人跪在上帝面前。

你如何看待自己将决定你的责任和义务。作为奴隶，你盲目地服从，作为上帝的孩子，你的权利和责任是不同的。

想象一个有成年孩子的富人帮助他做生意。这位有钱人也雇佣了一些仆人。有一天灾难来袭，一场自然灾害摧毁了富人所拥有的一切！曾经富有的人因为心脏病最终进入医院，身体破碎、即将死亡。仆人在哪里？早已不复存在！仆人只有在时间好的时候才会追随左右（天堂），但要现在是儿子和女儿握住老人的手，告诉他一切都会好的，他们现在会照顾他。支付医院账单并照顾他们的父亲 - 这是上帝儿女的权利和责任。我们无论贫富都共同度过，而不仅仅是在好时候 - 我们就在这个地球上，在现实世界中！请不要羞辱上帝，将自己降低为奴隶/仆人。

"天堂 vs 轮回" (作者搭玛)
本书可在线预定

轻松的方法得到美好的生活

生活如此艰难，人类在生活中想要一些快乐和幸福是很自然的。今天，对于我们这些幸运地生活在第一世界的人来说，我们确实享受着轻松美好的生活，但对于绝大多数人类来说，每天的生活都是挣扎。在过去，生活更加艰难 - 人们大部分依靠农业谋生，即使在今天，也被认为是世界上最艰难的工作。法律和秩序也很少，当然还有原始的医学，那意味着看着他们的亲人在眼前死去

生活是"孤独，贫穷，讨厌，野蛮和短暂"（Hobbes），自然人们喜欢上帝的想法，他接纳人类并给他们一个无尽的轻松美好生活。古时候大多数工作都是原始的，所有需要的只是足够的人力。有好的关系就有工作。对那些接近富人和强者的人来说，生活更容易 - 跪在地上，发誓对强者的忠诚，希望得到奖励是可行的（Pascal's Wager））。

那是当时的生活，从那以后发生了很多变化，但遗憾的是，宗教继续滞留在原始的过去。今天，在大多数西方国家，获得工作或晋升或合同需要一定的技能。美好的生活是争取的，不是被给予的。但是在共产党和独裁国家统治的国家中仍然存在一些原始方式 - 工作，晋升和合同都是根据你认识的权贵，你知道的内幕而定。

可悲的是，世界上占主导地位的宗教，仍信奉这种邪恶的方式。

努力多少就得到多少

我在书中提出的一个论点就是你不能欺骗上帝。不能坐享其成。期待在标有"免费"的车库售卖箱中找到黄金是愚蠢的。上帝，通过生活告诉你，不劳而获是得不到没有任何好东西的。人会跌倒几次，会无休止地失败，但也要不断站起来。放弃的人不会获得奖励。没有痛苦，就没有收获 - 这样的教训是不言而喻的。

宗教向我们保证的却正相反 - 放弃，放弃生命，上帝会奖励你在天堂中轻松美好的生活！这样讲令人惊讶。尼采是一位西方哲学家，他阅读印度教文本并理解了他们想要教导的东西，我们的选择必须是继续前进，永远不要满足于过去的生活。生命比简单的肉体乐趣 - 安全，性和食物更多。动物得到了简单的肉体乐趣，而那些追求天堂的人最终会后悔自己的选择。

"天堂 vs 轮回" (作者搭玛)

本书可在线预定

天堂
子宫, 童年, 过去, 懦夫, 逃跑, 自私,
退休, 衰老, 退出, 懦弱, 无耻,
索取者, 被拯救, 动物, 乞讨, 救济,
愚蠢, 低等, 快乐和幸福, 妄想.

天堂
母腹, 童年, 过去, 懦夫, 逃跑, 自私,
退休, 衰老, 退出, 懦弱, 无耻,
索取者, 被拯救, 动物, 乞讨, 救济,
愚蠢, 低等, 快乐和幸福, 妄想.

天堂和解脱(Moksha) 的不同, 肉体的快乐和灵魂的快乐的不同

你在乎吗？

我们都听说过宗教人士谈论，我们将如何在天堂与所有亲人在一起，生活将充满喜乐和幸福。有没有听说过他们提到我们留下的亲人？如果你是这个家庭的顶梁柱怎么办？没有你的帮助，你的家人将如何继续前进？那么，在天堂，你不在乎了吗？

孩子迷路了，有些是被绑架了 - 他们死去的祖父母和父母在天堂享受蛋糕吗？一个在森林里迷路的孩子饿了，累了，他躺下睡觉，一边哭着叫妈妈，也许他不会再醒来。陌生人花了无数个小时帮助寻找他（如果你选择轮回，可能就是你），孩子自己的亲人正在天堂参加一场球赛？

在这个世界上发生了许多不好的事情 - 恐怖主义，疾病，暴力，歧视，疾病 - 可怕的清单是无穷无尽的。在天堂意味着一个人会停止关怀吗？似乎是这样，不是吗？

让我们直截了当 - 如果天堂存在，并且它是一个美好而快乐的地方，那么在你到达那里之前，当你在那里的时候，它都美好而快乐，如果你选择离开，它同样还是美好而快乐的。没有人会想念你，没人会关心！

正是在人间，你是被需要的，被渴望的，人们会想念你，在乎你。我一直在强调，上帝在人世，与我们同在，和有爱，有关怀的人一起。

"天堂 vs 轮回" (作者搭玛)

本书可在线预定

天堂
子宫, 童年, 过去, 懦夫, 逃跑, 自私,
退休, 衰老, 退出, 懦弱, 无耻,
索取者, 被拯救, 动物, 乞讨, 救济,
愚蠢, 低等, 快乐和幸福, 妄想.

轮回
生活, 成年, 未来, 勇士, 战斗, 关怀,
追求, 年轻, 生存, 强壮, 自尊, 给予者,
拯救者, 人类, 赢得, 呈上, 智慧, 高等,
痛苦和苦难, 真实的生命!

太多的问题，没有答案--但问题在哪？

我用有逻辑的，辩证的思想来看问题。给自己一个残酷的答案。首先，没有证据证明上帝，天堂，地狱或转世的存在。关于上帝的观念都来自地球，是把地球上的人提升到神的境界。亚伯拉罕的上帝也无非是一个当地的国王/独裁者/强人形象。就像一个独裁者会奖励他忠诚的支持者并让怀疑他的人被杀或踢出他的国家一样，这位上帝也是如此！天堂只向忠诚的信徒敞开门，其余的人都将受到永远的折磨！然而，即使在现代，也很少有人通过这种角度来看待宗教。

在这里，我会问更多的问题，宗教人士使用相同的策略，相同的鸦片，同样的kool-aid，让所有怀疑者闭嘴，这方法在几个世纪以来都运行得非常好 - 甚至最好的思想也难逃这个简单的把戏。难怪宗教可以与鸦片相比。

"天堂 vs 轮回" (作者搭玛)

本书可在线预定

天堂
子宫, 童年, 过去, 懦夫, 逃跑, 自私,
退休, 衰老, 退出, 懦弱, 无耻,
索取者, 被拯救, 动物, 乞讨, 救济,
愚蠢, 低等, 快乐和幸福, 妄想.

轮回
生活, 成年, 未来, 勇士, 战斗, 关怀,
追求, 年轻, 生存, 强壮, 自尊, 给予者,
拯救者, 人类, 赢得, 呈上, 智慧, 高等,
痛苦和苦难, 真实的生命!

人在天堂做什么? 有哪些工作? 这个浩瀚宇宙的制造者给我们安排了什么? 如果没有工作,我们永远都无所事事吗?

我是家里的经济梁柱. 如果没有我, 他们将如何继续生活? 我怎么能在天堂享受. 如果知道我的家人在人间遭受苦难?

如果我的儿子犯了错误, 我教他不仅要道歉, 还要弥补损失. 相反的, 他可以走捷径, 只用几滴泪水忏悔? 这些是我们应该教孩子的品德吗?

为什么要担心这些? 来这里, 喝了这杯天堂的鸦片! 请享用!

给我! 给我! 给我!

他们认为我们被洗脑了?

我们的道德是灵活的

没有作家或编辑会犯错误，不称希特勒是纯粹的邪恶。ISIS也被称为恶毒，邪恶和不道德。他们的邪恶罪行是什么？他们没有把人视为个体，每个人都与众不同。他们集体谴责一整群人完全基于他们的宗教信仰

一位为改善德国而奋斗的德国犹太公民突然发现，在他年老的时候，他和他10岁的孙子被捆绑在一辆火车车厢内，运往毒气室

ISIS过去常常让非穆斯林排队站好，并给他们一个选择 - 皈依穆斯林或死！有些人甚至没有得到那种选择，仅仅因为不是穆斯林，就意味着会被判处死刑。以前，许多人以宗教的名义被杀，伊斯兰教通过刀剑传播。被西班牙人征服的墨西哥人被给予同样的选择 - 皈依新宗教或死！基督徒在那时和当今的ISIS并无区别！

虽然上述两个例子，应该遭到谴责，但他们核心思想，却被推崇！宗教分裂，仇恨被积极地传扬，而媒体，受过教育的和有道德的人则把头扭过去，毫不理会！

"天堂 vs 轮回" (作者搭玛)

本书可在线预定

天堂
子宫, 童年, 过去, 懦夫, 逃跑, 自私,
退休, 衰老, 退出, 懦弱, 无耻,
索取者, 被拯救, 动物, 乞讨, 救济,
愚蠢, 低等, 快乐和幸福, 妄想.

轮回
生活, 成年, 未来, 勇士, 战斗, 关怀,
追求, 年轻, 生存, 强壮, 自尊, 给予者,
拯救者, 人类, 赢得, 呈上, 智慧, 高等,
痛苦和苦难, 真实的生命!

生活的目的和意义

我们都曾经对这个话题感到疑惑,不是吗?根据主流宗教,生命的目的是确保我们加入"正确"的宗教,向"正确的"上帝祈祷,以便他会高兴并且会奖励我们。

那么,生活的目的基本上是为了确保我们"站队"正确,以获得美好的生活?在人们生活在国王/残暴的独裁者和强人之下时,承诺忠诚和服从强者是有意义的。但那是过去,今天我们不是那样生活的。但是……

"天堂 vs 轮回" (作者搭玛)
本书可可在线预定

天堂
子宫, 童年, 过去, 懦夫, 逃跑, 自私, 退休, 衰老, 退出, 懦弱, 无耻, 索取者, 被拯救, 动物, 乞讨, 救济, 愚蠢, 低等, 快乐和幸福, 妄想.

轮回
生活, 成年, 未来, 勇士, 战斗, 关怀, 追求, 年轻, 生存, 强壮, 自尊, 给予者, 拯救者, 人类, 赢得, 呈上, 智慧, 高等, 痛苦和苦难, 真实的生命!

上帝是我通往天堂轻松美好生活的门票

我们看到，很多人卖他们的灵魂，基本上，支持邪恶的强者，成为走狗，殴打敌人，杀死无辜。他们这样做是为了得到强者的奖励，过上轻松的生活。

其他人与富人交朋友，希望他或她带他们去昂贵的餐馆和夜总会，度假 - 让富人为他们消费，过好日子。当我听到关于天堂的谈话时，我听到了同样的话 - "这位上帝会赐给我们美好的生活。我们应该向他祈祷，以便他会高兴并且会奖励我们"。

即使在21世纪，我们对上帝的看法仍然处于这个浅层。我们如此肤浅，不是吗？

"天堂 vs 轮回" (作者搭玛)
本书可在线预定

天堂
子宫, 童年, 过去, 懦夫, 逃跑, 自私, 退休, 衰老, 退出, 懦弱, 无耻, 索取者, 被拯救, 动物, 乞讨, 救济, 愚蠢, 低等, 快乐和幸福, 妄想.

轮回
生活, 成年, 未来, 勇士, 战斗, 关怀, 追求, 年轻, 生存, 强壮, 自尊, 给予者, 拯救者, 人类, 赢得, 呈上, 智慧, 高等, 痛苦和苦难, 真实的生命!

上帝是我通往天堂过着轻松美好生活的门票, 我的包二爷.

国王与教师

四大宗教可以分为两种 - 国王/大师宗教 - 基督教和伊斯兰教以及父母/教师信仰 - 印度教和佛教。国王/大师宗教很简单 - 向国王/大师祈祷，他会奖励你。目标是在天堂中过上轻松的生活，要实现就必须向"正确的"上帝祈祷。就像在古代，强大与公正的国王对民众生活有很大作用，宗教反映了那些时代。

家长/教师的信仰要复杂得多 - 没有"奖励"。生命本身，这个旅程，就是"奖励"。目标是启蒙，知识 - 成为佛陀。很重要的是人的行动，而不是宗教。成为，而不是被拯救的。成为勇士，不是懦夫。要追求，而不是退休。

"天堂 vs 轮回" (作者搭玛)
本书可在线预定

天堂
子宫, 童年, 过去, 懦夫, 逃跑, 自私,
退休, 衰老, 退出, 懦弱, 无耻,
索取者, 被拯救, 动物, 乞讨, 救济,
愚蠢, 低等, 快乐和幸福, 妄想.

轮回
生活, 成年, 未来, 勇士, 战斗, 关怀,
追求, 年轻, 生存, 强壮, 自尊, 给予者,
拯救者, 人类, 赢得, 呈上, 智慧, 高等,
痛苦和苦难, 真实的生命!

国王/大师宗教
跪下来向国王/大师祈祷并获得奖励.
只有忠诚才会得到回报. 独特的,
共产主义宗教. 行为, 品行和道德
都无关紧要. 关键词是乞求和天堂
是奖励 - 退休之家 - 肉体的乐趣.

家长/教师信仰
让上帝感到骄傲. 目标是教化, 成为佛,
成为下一个爱因斯坦, 或下一个莫扎特.
行为是最重要的. 包容的, 民主的信仰.
关键词是争取, "奖励" 是工作,
解脱(Moksha) - 心灵,思想和灵魂的乐趣.

天堂适合老人，退休的人，而轮回适合年轻的，有梦想的人

我们之前问过这个问题，"人们在天堂做什么？" - 天堂似乎是一个不错的退休之家 - 数十亿人漂浮在周围，盯着对方，无聊彻底。他们存在，他们却没有生活。是的，上帝的"宏伟计划"！真好。

生命，真实的生命，等待着选择轮回的人。有一天，人类会在这个星系中殖民，将会在星球上旅行！有一天，电影星际大战中描绘的生活将成为现实。那些选择轮回的人将享受未来的世界，将建立这样一个世界！会让上帝感到骄傲！

"天堂 vs 轮回" (作者搭玛)
本书可在线预定

天堂
子宫, 童年, 过去, 懦夫, 逃跑, 自私,
退休, 衰老, 退出, 懦弱, 无耻,
索取者, 被拯救, 动物, 乞讨, 救济,
愚蠢, 低等, 快乐和幸福, 妄想.

轮回
生活, 成年, 未来, 勇士, 战斗, 关怀,
追求, 年轻, 生存, 强壮, 自尊, 给予者,
拯救者, 人类, 赢得, 呈上, 智慧, 高等,
痛苦和苦难, 真实的生命!

天堂在等待你. 你可以永远休息.
什么都不做, 没有担忧, 没有责任.
任何人都不会打扰你.
你可以在扶手椅上打瞌睡.

有一天, 这一切都将成为现实.
人类将游历星际.
电影"星际大战"中描绘的生活将成为现实!
但你必须在这里享受这一切. 努力实现它.

天堂隐喻着子宫、童年和过去的时光。怀念着回到过去美好的童年时光，一个无忧无虑，没有负担，被身边所爱的人围绕着，保护着，给于满满的关爱。在危难的日子中，我们也吃得饱足、穿得暖、住得好；基本上，这是泡沫化的生活。

而轮回，意味着生命，成长，未来。时光不能倒流，我们也不能活在过去，更不能逃避现实生活。我们必须逃出舒适圈，面对生活，勇敢前进。就像电影"星际大战"中所描绘的未来有一天必会实现，但不会平白无故实现。我们必须奋斗，牺牲，作出明智的选择，让梦寐以求的理想世界可以实现。只有当我们选择重生，面对生活胜过幻想在天上的退休之家，方能在未来的世界享受真正美好的成果！

作者搭玛(Dharma)想知道您的想法，您可以与他联系,邮箱地址是（只限英文邮件）：HeavenVsReincarnation@yahoo.com

www.ingramcontent.com/pod-product-compliance
Lightning Source LLC
LaVergne TN
LVHW070059080426
835508LV00028B/3453